essentials

essentials liefern aktuelles Wissen in konzentrierter Form. Die Essenz dessen, worauf es als „State-of-the-Art" in der gegenwärtigen Fachdiskussion oder in der Praxis ankommt. *essentials* informieren schnell, unkompliziert und verständlich

- als Einführung in ein aktuelles Thema aus Ihrem Fachgebiet
- als Einstieg in ein für Sie noch unbekanntes Themenfeld
- als Einblick, um zum Thema mitreden zu können

Die Bücher in elektronischer und gedruckter Form bringen das Expertenwissen von Springer-Fachautoren kompakt zur Darstellung. Sie sind besonders für die Nutzung als eBook auf Tablet-PCs, eBook-Readern und Smartphones geeignet. *essentials:* Wissensbausteine aus den Wirtschafts, Sozial- und Geisteswissenschaften, aus Technik und Naturwissenschaften sowie aus Medizin, Psychologie und Gesundheitsberufen. Von renommierten Autoren aller Springer-Verlagsmarken.

Weitere Bände in der Reihe http://www.springer.com/series/13088

Uta-Susanne Weiss

Arbeitsrecht für Führungskräfte

2., überarbeitete und aktualisierte Auflage

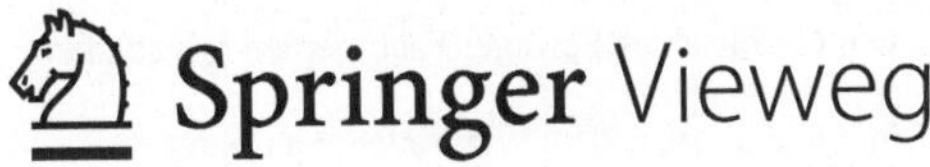

Uta-Susanne Weiss
Südwestmetall Verband der Metall- und
Elektroindustrie Baden-Württemberg e. V.
Aalen, Deutschland

ISSN 2197-6708 ISSN 2197-6716 (electronic)
essentials
ISBN 978-3-658-26025-5 ISBN 978-3-658-26026-2 (eBook)
https://doi.org/10.1007/978-3-658-26026-2

Die Deutsche Nationalbibliothek verzeichnet diese Publikation in der Deutschen Nationalbibliografie; detaillierte bibliografische Daten sind im Internet über http://dnb.d-nb.de abrufbar.

Springer Vieweg

Springer Vieweg ist ein Imprint der eingetragenen Gesellschaft Springer Fachmedien Wiesbaden GmbH und ist ein Teil von Springer Nature
Die Anschrift der Gesellschaft ist: Abraham-Lincoln-Str. 46, 65189 Wiesbaden, Germany

- Anbahnungsphase
- Verlauf des Arbeitsverhältnisses
- Beendigungsphase
- Mitbestimmungsrechte des Betriebsrates
- Arbeitsgerichtsverfahren

Vorwort

Dieses Buch soll Grundlagen des Arbeitsrechts vermitteln. Mit kurzen schematischen Darstellungen soll Studierenden und Fachkräften, die Führungsverantwortung übernommen haben, ein Überblick über Strukturen und Verfahrensabläufe verschafft werden. Es soll einen Umgang mit Rechten und Pflichten im betrieblichen Alltag ermöglichen. Das Buch versucht, ein Leitfaden für die verschiedenen Phasen des Arbeitsverhältnisses, von der Anbahnung, über den Verlauf – auch im Konfliktfall – bis zur Beendigung zu sein. Vermittelt werden Grundzüge, die eine rechtliche Beratung im Einzelfall aber nicht ersetzen können. Fern der juristischen Weisheit „Es kommt darauf an …" erfolgt eine abstrakte Darstellung, die versucht, Praktikern die arbeitsrechtliche Welt ein wenig näher bringen.

Uta-Susanne Weiss

Inhaltsverzeichnis

1 Einleitung 1

2 Anbahnungsphase 5
  2.1 Die Stellenanzeige 5
  2.2 Das Bewerbungsgespräch 5
  2.3 Der Arbeitsvertrag 6

3 Bestandsphase 9
  3.1 Pflichten des Arbeitnehmers 9
  3.2 Pflichten des Arbeitgebers 9
  3.3 Arbeitszeit 10
  3.4 Urlaub 12
  3.5 Entgeltfortzahlung im Krankheitsfall 13
  3.6 Mutterschutz 14
  3.7 Elternzeit 15
  3.8 Teilzeit 15
  3.9 Brückenteilzeit 17
  3.10 Altersteilzeit 18
  3.11 Familienpflegezeit 18
  3.12 Pflegezeit und kurzzeitige Arbeitsverhinderung ... 19
  3.13 Pflichtverletzungen im Arbeitsverhältnis 20
  3.14 Änderungskündigung 21

4 Beendigungsphase... 23
  4.1   Aufhebungsvertrag.. 23
  4.2   Befristung... 23
  4.3   Kündigung... 24
      4.3.1 *Personen*bedingte Gründe 26
      4.3.2 *Verhaltens*bedingte Gründe 27
      4.3.3 *Betriebs*bedingte Gründe 28
  4.4   Besondere Schutzrechte.................................... 31
      4.4.1 Besonderer Kündigungsschutz von
            Organen der Betriebsverfassung 31
      4.4.2 Besonderer Kündigungsschutz für
            Schwerbehinderte................................ 32
      4.4.3 Besonderer Kündigungsschutz bei
            Mutterschutz und Elternzeit........................ 32
      4.4.4 Besonderer Kündigungsschutz bei
            Pflegezeit/Familienpflegezeit....................... 34
      4.4.5 Besonderer Kündigungsschutz für
            Auszubildende................................... 34

5 Rechte des Betriebsrates und seiner Mitglieder.................... 35
  5.1   Freistellungsanspruch..................................... 35
  5.2   Schulungsanspruch....................................... 36
  5.3   Mitbestimmungsrechte.................................... 36
  5.4   Wahl und Amtszeit....................................... 38

6 Das Arbeitsgerichtsverfahren 41

Weiterführende Literatur... 45

Abkürzungsverzeichnis

ArbG	Arbeitsgericht
ArbGG	Arbeitsgerichtsgesetz
ArbZG	Arbeitszeitgesetz
BAG	Bundesarbeitsgericht
BBiG	Berufsbildungsgesetz
BEEG	Bundeselterngeld- und Elternzeitgesetz
BetrVG	Betriebsverfassungsgesetz
BGB	Bürgerliches Gesetzbuch
BUrlG	Bundesurlaubsgesetz
EFZG	Entgeltfortzahlungsgesetz
EuGH	Europäischer Gerichtshof
KSchG	Kündigungsschutzgesetz
LAG	Landesarbeitsgericht
MuSchG	Mutterschutzgesetz
PflegeZG	Pflegezeitgesetz
SGB IX	Sozialgesetzbuch IX (Rehabilitation und Schwerbehinderung)
TzBfG	Teilzeit- und Befristungsgesetz

Einleitung

1

Im deutschen Recht besteht kein einheitliches, komplexes Arbeitsgesetz. Unterschiedlichste Quellen haben Einfluss auf ein Arbeitsverhältnis. Es existieren Gesetze und Richtlinien, auf deutscher oder europäischer Ebene. Sowohl der Europäische Gerichtshof als auch das Bundesarbeitsgericht gestalten Arbeitsrecht durch Rechtsprechung stetig neu. Neben dem Arbeitsvertrag können auch Vereinbarungen auf betrieblicher oder tariflicher Ebene für das Arbeitsverhältnis maßgeblich sein. Die Rechtsquellen des Arbeitsrechts lassen sich wie in Abb. 1.1 gezeigt darstellen.

- *Gesetze/Verfassung*
  Grundlage aller Arbeitsverhältnisse bilden die deutschen Gesetze. Maßgeblich sind hierbei das Grundgesetz, das BGB, das Arbeitszeitgesetz, Bundesurlaubsgesetz, Entgeltfortzahlungsgesetz sowie verschiedenste Verordnungen aus dem Bereich des Arbeitsschutzes.
- *Individualarbeitsvertrag*
  Das Nachweisgesetz sieht vor, dass jedem Arbeitnehmer[1] ein schriftlicher Arbeitsvertrag auszuhändigen ist, aus dem sich die für das Arbeitsverhältnis geltenden Bedingungen ergeben.
- *Tarifverträge*
  Ein Tarifvertrag ist ein schriftlicher Vertrag zwischen Arbeitgeber(n)/Arbeitgeberverband und einer oder mehrerer Gewerkschaften. Er gilt bei beiderseitiger Tarifgebundenheit oder durch Bezugnahme im Individualarbeitsvertrag. Er regelt Rechte und Pflichten der Vertragsparteien, Inhalt, Abschluss und Beendigung von Arbeitsverhältnissen sowie betriebliche und betriebsverfassungsrechtliche Fragen.

---

[1]Ohne jegliche Diskriminierungsabsicht wird im Text ausschließlich die männliche Form verwendet. Damit sind alle Geschlechter einbezogen.

© Springer Fachmedien Wiesbaden GmbH, ein Teil von Springer Nature 2019 1
U.-S. Weiss, *Arbeitsrecht für Führungskräfte,* essentials,
https://doi.org/10.1007/978-3-658-26026-2_1

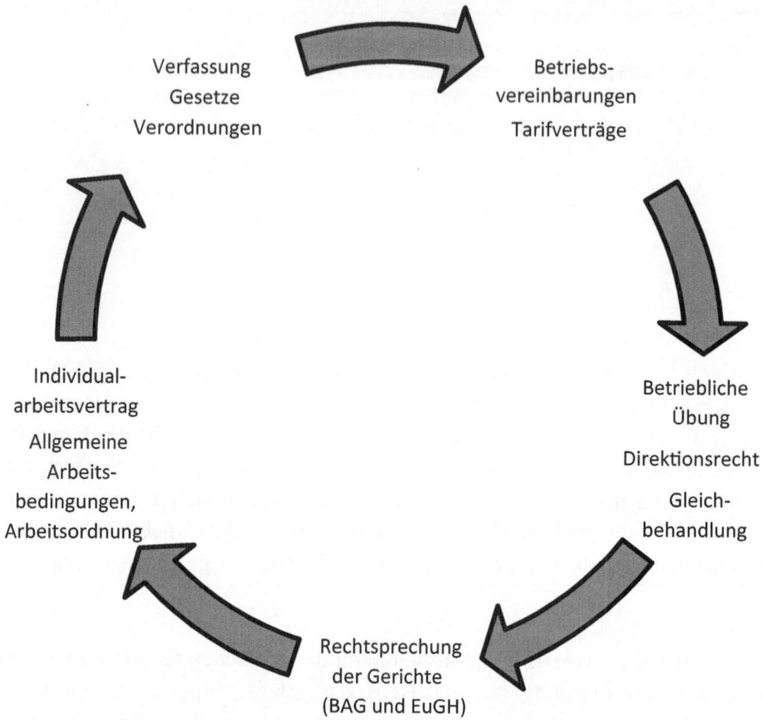

Abb. 1.1 Rechtsquellen des Arbeitsrechts

- *Betriebsvereinbarungen*
  Eine Betriebsvereinbarung ist ein schriftlicher Vertrag zwischen Arbeitgeber
  und dem in seinem Betrieb gewähltem Betriebsrat über Angelegenheiten, die
  zu dessen Aufgabenbereich gehören. Diese Betriebsvereinbarung gilt unmittel-
  bar und zwingend für alle Arbeitnehmer des Betriebs (§ 77 Abs. 4 BetrVG).
  Übliche Regelungen sind Vereinbarungen zur Verteilung der Arbeitszeit, Zeit-
  konten, Rauchverbote, Flexibilisierung der Arbeitszeit, Internetnutzung usw.
- *Betriebliche Übung*
  Eine betriebliche Übung ist eine regelmäßige Wiederholung einer bestimmten
  Verhaltensweise durch den Arbeitgeber. Voraussetzung für das Entstehen eines
  Anspruchs aus betrieblicher Übung ist, dass der Arbeitnehmer aus diesem Ver-
  halten schließen kann, dass ihm eine Leistung auf Dauer gewährt werden soll.
  Beispiele hierfür sind Zahlungen von Weihnachtsgeld, Urlaubsgeld oder sonstigen
  Gratifikationen ohne eindeutigen Vorbehalt.

- *Direktionsrecht*
  Das Direktionsrecht berechtigt den Arbeitgeber, die jeweils konkret zu erbringende Arbeitsleistung sowie die Art und Weise der Ausführung festzulegen. Alle Rechtsquellen wirken nicht losgelöst voneinander. Es existiert eine Normenhierarchie (Abb. 1.2), die durch das Günstigkeitsprinzip durchbrochen werden kann.
- *Günstigkeitsprinzip*
  Bei abweichenden Regelungen gilt jeweils die für den Arbeitnehmer günstigere Regelung.

Beispiel:
Der Arbeitsvertrag gewährt 30 Tage Urlaub im Jahr. Das Bundesurlaubsgesetz sieht 20 Tage Mindesturlaub im Jahr, ausgehend von einer 5 Tage Woche, vor. Vorrang hat der Arbeitsvertrag.

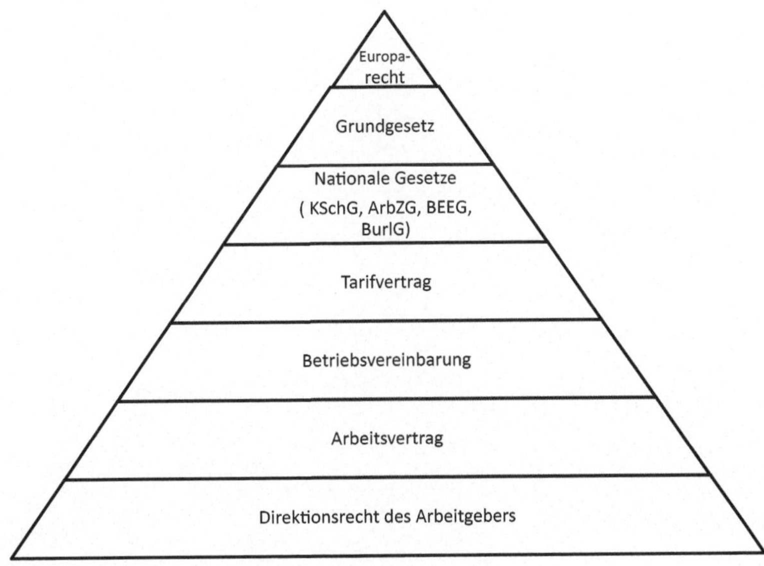

Abb. 1.2 Normenhierarchie der Rechtsquellen

Anbahnungsphase 2

Vor Aufnahme der Beschäftigung steht der Bewerbungs- und Einstellungsprozess, die Anbahnungsphase. Der Arbeitnehmer bekundet mit seiner Bewerbung Interesse an einer Tätigkeit im Unternehmen. Das Unternehmen möchte herausfinden, ob der Bewerber über die notwendigen Kenntnisse und Qualifikationen verfügt und zum Unternehmen „passt".

2.1 Die Stellenanzeige

Der Arbeitgeber ist verpflichtet, den Gleichheitsgrundsatz des Grundgesetzes zu beachten. Stellenanzeigen sind daher geschlechtsneutral zu formulieren. Es empfiehlt sich die Verwendung der Zusätze „männlich, weiblich, divers".

2.2 Das Bewerbungsgespräch

Grundlage für die Beurteilung bilden einerseits das Informationsinteresse des Arbeitgebers, andererseits das Persönlichkeitsrecht des Arbeitnehmers (Abb. 2.1). Erlaubt sind Fragen zum beruflichem Werdegang und Qualifikation. Abhängig von den Anforderungen des konkreten Arbeitsplatzes sind Fragen nach Behinderung, Krankheiten, Alter, Nationalität, Vorstrafen etc. Offenbarungspflicht besteht beispielsweise bei einem bevorstehenden Haftantritt, Verlust einer erforderlichen Lizenz bzw. bei Bestehen eines Wettbewerbsverbotes. Unzulässig sind unter anderem Fragen nach Familienplanung, Mitgliedschaft in politischen Parteien oder einer Gewerkschaft und der Religion.

© Springer Fachmedien Wiesbaden GmbH, ein Teil von Springer Nature 2019 5
U.-S. Weiss, *Arbeitsrecht für Führungskräfte,* essentials,
https://doi.org/10.1007/978-3-658-26026-2_2

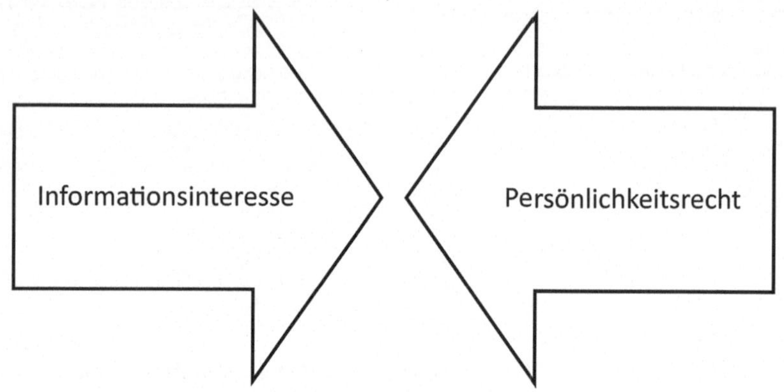

Abb. 2.1   Interessenlage des Arbeitgebers und des Arbeitnehmers

2.3   Der Arbeitsvertrag

Der erfolgreiche Bewerbungsprozess schließt mit dem Abschluss des Arbeitsvertrages. Der Arbeitsvertrag (§ 611a BGB) ist mit den wesentlichen Inhalten des Arbeitsverhältnisses schriftlich abzufassen. Beinhaltet sind in der Regel:

- Beginn der Tätigkeit
- Beschreibung der Tätigkeit
- Festlegung der Wochenarbeitsstunden, gegebenenfalls auch der Arbeitszeit
- Festlegung der Vergütung
- Regelung von Urlaub und Entgeltfortzahlung
- Kündigungsmöglichkeiten, Kündigungsfristen, Probezeit

Das Arbeitsverhältnis kann *befristet* oder *unbefristet* erfolgen. Unbefristet ist ein Arbeitsverhältnis, wenn ein Ende des Arbeitsverhältnisses noch nicht bestimmt ist.

Befristungen eines Arbeitsverhältnisses sind nur eingeschränkt möglich. Befristungen sind mit und ohne Sachgrund zulässig (§ 14 TzBfG).

Befristungen *ohne Sachgrund* sind reine Zeitbefristungen.

Sie sind für maximal zwei Jahre bei höchstens dreimaliger Verlängerung des Arbeitsverhältnisses möglich. Eine Vorbeschäftigung beim Arbeitgeber darf nicht erfolgt sein. In welchen zeitlichen Abständen diese Vorbeschäftigung bzw. welche Art der Vorbeschäftigung hierfür relevant ist, wurde sowohl vom Gesetzgeber als auch vom Bundesarbeitsgericht offen gelassen. Das Bundesverfassungsgericht hat hierzu entschieden, dass das Verbot der Vorbeschäftigung verfassungsgemäß ist, es aber durchaus Einzelfälle sieht, in denen dieses Ausnahmen zulassen würde. Hier ist die weitere Entwicklung der arbeitsgerichtlichen Rechtsprechung abzuwarten.

Befristungen *mit* Sachgrund sind jederzeit zulässig, zeitlich unbegrenzt und auch mehrfach möglich. Befristungsgründe sind unter anderem vorübergehender Mehrbedarf, Vertretungsbedarf, Erprobung und Projektbedarf. Die Aufzählung in § 14 Abs.1 TzBfG ist nicht abschließend.

Die Befristungsabrede muss *vor* Arbeitsaufnahme von beiden Parteien unterschrieben sein (§ 14 Abs. 4 TzBfG).

Nimmt der Arbeitnehmer seine Beschäftigung auf, ohne dass ein unterzeichneter befristeter Arbeitsvertrag vorliegt, wird das Arbeitsverhältnis unabhängig von der vertraglichen Vereinbarung zu einem unbefristeten Arbeitsverhältnis.

Bestandsphase

Während des Bestands des Arbeitsverhältnisses ist es stark von Schutzrechten zugunsten des Arbeitnehmers geprägt.

3.1 Pflichten des Arbeitnehmers

Hauptpflicht des Arbeitnehmers ist die Pflicht zur Arbeitsleistung. Der Arbeitnehmer schuldet die im Arbeitsvertrag vereinbarte Tätigkeit. Der Arbeitgeber ist berechtigt, diese nach Art, Ort und Zeit präzisierend festzulegen. Hinzu kommen Nebenpflichten, wie die Loyalitätspflicht zum Arbeitgeber, die Geheimhaltungsverpflichtung sowie das Wettbewerbsverbot.

3.2 Pflichten des Arbeitgebers

Hauptpflicht des Arbeitgebers ist die Vergütung des Arbeitnehmers. Die Vergütungspflicht ist an die Erbringung einer Arbeitsleistung gekoppelt. Nur in besonders geregelten Ausnahmefällen, ist eine Gegenleistung des Arbeitnehmers nicht erforderlich (Abb. 3.1).

U.-S. Weiss, *Arbeitsrecht für Führungskräfte,* essentials,
https://doi.org/10.1007/978-3-658-26026-2_3

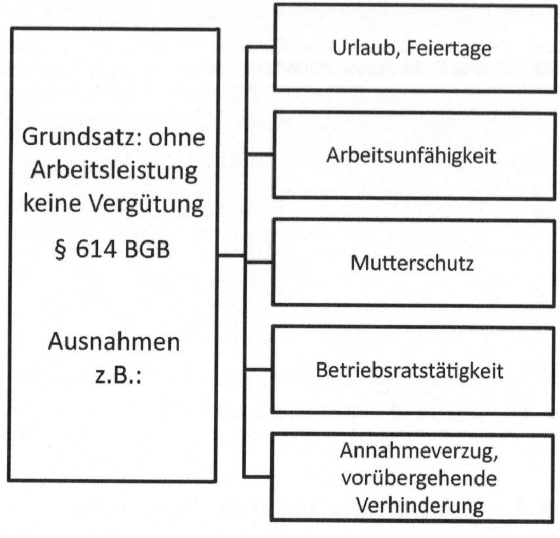

Abb. 3.1 Ausnahmen des Grundsatzes: „Ohne Arbeitsleistung keine Vergütung"

3.3   Arbeitszeit

Ein wichtiges Schutzgesetz ist das Arbeitszeitgesetz. Es definiert die zulässige Höchstarbeitszeit, Ruhezeiten sowie das grundsätzliche Verbot der Sonn- und Feiertagsarbeit.

- *Arbeitszeit*
  Die tägliche Arbeitszeit darf 8 h nicht überschreiten. Eine Verlängerung auf maximal 10 h am Tag ist ausnahmsweise möglich. Dies setzt voraus, dass innerhalb von 6 Monaten oder 24 Wochen im Durchschnitt 8 h nicht überschritten werden. (Abb. 3.2)
- *Verbot der Sonn- und Feiertagsarbeit*
  Tätigkeiten an Sonn- und Feiertagen sind verboten. Auch hier existieren gesetzlich definierte Ausnahmemöglichkeiten.
- *Ruhezeit/Pausen*
  Nach Beendigung der Arbeit ist grundsätzlich eine ununterbrochene Ruhezeit von 11 h einzuhalten (§ 5 ArbZG). Ausnahmefälle sind gesetzlich geregelt.

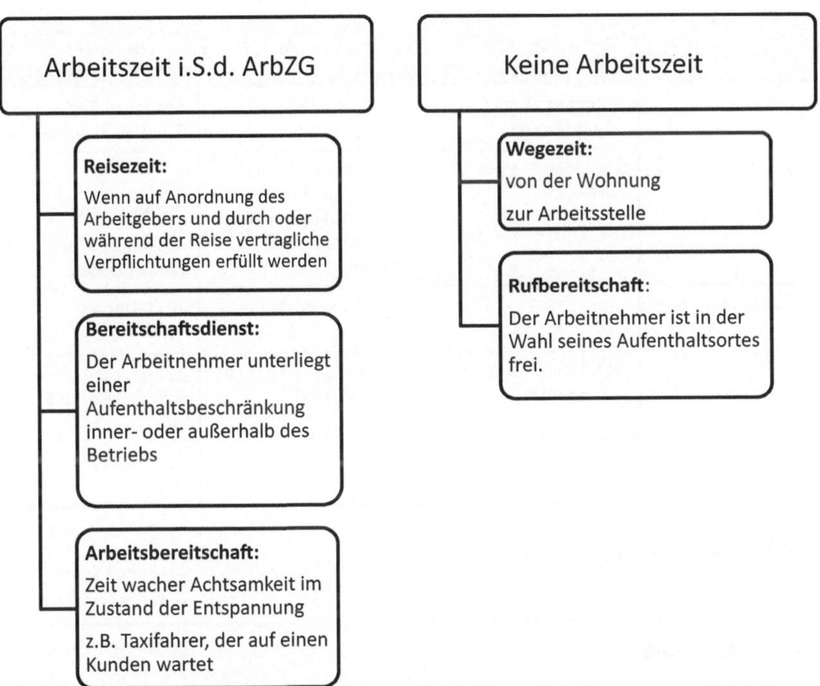

Abb. 3.2 Übersicht Arbeitszeit im Sinne des ArbZG

Pausen sind

- bei einer Arbeitszeit zwischen 6 und 9 h mindestens 30 min lang
- bei einer Arbeitszeit ab 9 h mindestens 45 min lang.

Sie sind

- im Voraus feststehend
- in Abschnitte von mindestens 15 min aufzuteilen und
- nach spätestens 6 h zu gewähren.

Es darf nicht länger als 6 h ohne Pause gearbeitet werden. Eine Übersicht der zulässigen Arbeitszeiten zeigt Abb. 3.3.

	Arbeitnehmer	Schwangere	Jugendliche
Arbeitszeit	8 Stunden /Tag 6 Tage/Woche	8 Stunden/Tag 6 Tage/Woche	8 Stunden/Tag 5 Tage/Woche
Mehrarbeit	2 Stunden/Tag mit Ausgleich	Unzulässig, soweit diese über 8 (bzw. 8,5 bei Schwangeren unter 18) Stunden/Tag hinaus geht	0,5 St./Tag mit Ausgleich, Ausnahme in der Landwirtschaft
Nachtarbeitsverbot		20:00 Uhr bis 06:00 Uhr	20:00 Uhr bis 06:00 Uhr
Pausen	30 Min. bei 6-9 Std./ 45 Min. ab 9 Std.	30 Min. bei 6-9 Std./ 45 Min. ab 9 Std.	30 Min. bei 4,5-6 Std./ 60 Min. ab 6 Std.
Ruhezeit	11 Stunden/Tag	11 Stunden/Tag	12 Stunden/Tag

Abb. 3.3 Zulässige Arbeitszeiten

3.4   Urlaub

Urlaub ist die Befreiung von der Arbeitspflicht für einen bestimmten zukünftigen Zeitraum durch den Arbeitgeber.

Der gesetzliche Mindesturlaub beträgt 24 Werktage pro Jahr ausgehend von einer 6-Tage Woche. Der volle Urlaubsanspruch wird erst nach einer Wartezeit von sechs Monaten erworben. Bei unterjährigem Austritt in der zweiten Jahreshälfte steht dem Arbeitnehmer der volle Urlaubsanspruch zu, ansonsten ergeben sich für jeden vollen Monat 1/12 des Jahresurlaubs.

Abweichungen durch Tarif- und Arbeitsverträge sind möglich.

Urlaub wird für das Kalenderjahr gewährt. Er erlischt grundsätzlich mit Ablauf des Urlaubsjahres.

Ausnahmen:

- Übertragung des Urlaubs bis zum 31.03. des Folgejahres, wenn er aus dringenden betrieblichen Gründen oder Gründen in der Person des Arbeitnehmers nicht genommen werden kann
- Der Arbeitnehmer ist bis zum Ende des Urlaubsjahres arbeitsunfähig.
- Verfallklauseln können bei Arbeitsunfähigkeit frühestens fünfzehn Monate nach Ablauf des Urlaubsjahres Wirkung entfalten

Tab. 3.1 Berechnung der Urlaubsvergütung

Gesamtvergütung der letzten 13 Wochen	
/	78 bei einer 6-Tage-Woche 65 bei einer 5-Tage-Woche
=	Tagessatz für einen Urlaubstag
x	Urlaubstage
=	Gesamtvergütungsanspruch für Urlaubszeitraum

Die Berechnung des für die Zeit des Urlaubs zu zahlenden Entgelts ergibt sich durch das sogenannte „modifizierte Referenzprinzip" (Tab. 3.1).

Davon zu unterscheiden ist die Zahlung eines zusätzlichen Urlaubsgeldes, welches gegebenenfalls gesondert vom Arbeitgeber gewährt wird.

3.5 Entgeltfortzahlung im Krankheitsfall

Grundsatz:
Nach einer Wartezeit von vier Wochen haben Arbeitnehmer einen Anspruch auf Entgeltfortzahlung von bis zu sechs Wochen (§ 3 EntgeltfortzahlungsG).

Arbeitsunfähig ist ein Arbeitnehmer, der krank ist und infolge dieser Erkrankung außer Stande ist, die ihm obliegende Tätigkeit zu verrichten. Der Arbeitnehmer hat seine Arbeitsunfähigkeit unverzüglich dem Arbeitgeber mitzuteilen. Unverzüglich bedeutet am 1. Tag, sofern möglich bis zu Arbeitsbeginn. Er ist verpflichtet, eine Arbeitsunfähigkeitsbescheinigung vorzulegen, wenn die Arbeitsunfähigkeit länger als drei Kalendertage dauert. Der Arbeitgeber ist berechtigt, bereits vom 1. Tag an eine Arbeitsunfähigkeitsbescheinigung zu fordern (§ 5 EntgeltfortzahlungsG).

Der Arbeitnehmer erhält während seiner Arbeitsunfähigkeit das Entgelt, was er verdient hätte, wenn er gearbeitet hätte. Hier gilt das sogenannte *Lohnausfallprinzip.*

Der Anspruch ist auf sechs Wochen begrenzt, auch wenn in dieser Zeit eine neue Erkrankung hinzutritt. Ein neuer 6-Wochen-Zeitraum kann nur entstehen, wenn die erste Erkrankung ausgeheilt ist und dann eine davon unabhängige Neuerkrankung besteht.

3.6   Mutterschutz

Werdende Mütter haben ihrem Arbeitgeber ihre Schwangerschaft und den mutmaßlichen Tag der Entbindung mitzuteilen, sobald ihnen ihr Zustand bekannt ist (§ 15 MuSchG). Sie dürfen die letzten sechs Wochen vor der Entbindung nicht beschäftigt werden, es sei denn, sie erklären sich ausdrücklich dazu bereit. Nach der Entbindung besteht für die Dauer von acht Wochen, bei Frühgeburten, Mehrlingsgeburten sowie bei Feststellung einer Behinderung für zwölf Wochen ein absolutes Beschäftigungsverbot (§ 3 MuSchG; Abb. 3.4).

Während der Schwangerschaft können Beschäftigungsverbote entstehen, die körperlich anstrengende Arbeiten oder Arbeiten mit besonderen Belastungen untersagen (§§ 11,12, 16 MuSchG).

- *Besonderer Kündigungsschutz:*
  Während der Schwangerschaft, bis zum Ablauf von 4 Monaten nach der Entbindung sowie bei einer Fehlgeburt nach der 12. Schwangerschaftswoche bis zum Ablauf von 4 Monaten, ist eine Kündigung unzulässig (§ 17 MuSchG). Dies gilt auch, sofern sich die werdende Mutter in der Probe- bzw. Wartezeit befindet. Nur in besonderen Fällen ist eine Kündigung mit vorheriger Zustimmung der zuständigen obersten Landesbehörde erlaubt.

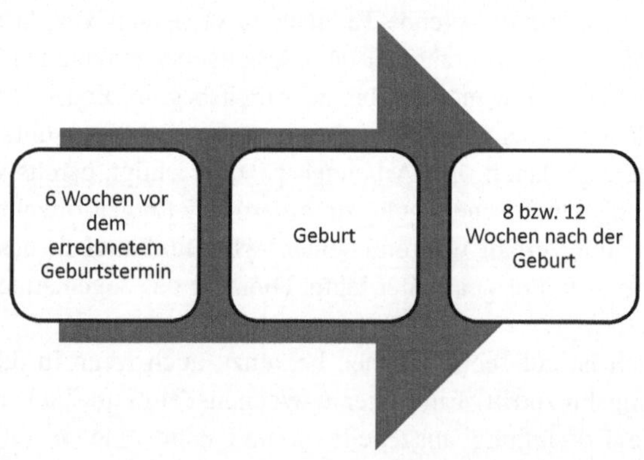

Abb. 3.4 Mutterschutzfristen

3.7   Elternzeit

Elternzeit ist die *unbezahlte Freistellung* von der Erbringung der Arbeitsleistung zur Betreuung und Erziehung eines Kindes. Sie ist bis zur Vollendung des 3. Lebensjahres des Kindes möglich. Ein Zeitraum von bis zu 24 Monaten kann noch bis zur Vollendung des 8. Lebensjahres des Kindes übertragen werden. Elternzeit besteht für jedes Kind, auch bei Überschneidungen der Zeiträume. Sie kann von einem oder auch von beiden Elternteilen, auch gemeinsam, oder u. U. auch von Großeltern genommen werden.

Sie muss bis zur Vollendung des 3. Lebensjahres spätestens 7 Wochen vor der erstmaligen Inanspruchnahme schriftlich beantragt werden. Eine nicht beanspruchte Elternzeit von bis zu 24 Monaten kann dann zwischen dem dritten Geburtstag und dem vollendeten achtem Lebensjahr des Kindes in Anspruch genommen werden. Die hierzu geltende Anmeldefrist beträgt 13 Wochen.

Eine Aufteilung der Elternzeit kann in drei Abschnitte erfolgen. Eine Zustimmung des Arbeitgebers ist hierfür nicht notwendig. Die Inanspruchnahme eines dritten Abschnitts kann allerdings vom Arbeitgeber unter Verweis auf dringende betriebliche Bedürfnisse innerhalb von 8 Wochen nach Zugang des Elternzeitantrages abgelehnt werden.

Der Arbeitnehmer muss erklären, für welche Zeiträume Elternzeit in Anspruch genommen werden soll. Änderungen sind nur mit Zustimmung des Arbeitgebers möglich.

Elternzeit kann mit Zustimmung des Arbeitgebers vorzeitig beendet werden. In gesetzlich normierten Ausnahmefällen zur vorzeitigen Beendigung kann der Arbeitgeber die Zustimmung nur innerhalb von 4 Wochen aus dringenden betrieblichen Gründen schriftlich ablehnen. Keine Zustimmung des Arbeitgebers ist erforderlich bei vorzeitiger Beendigung der Elternzeit wegen der Inanspruchnahme von Mutterschutzfristen bei Geburt eines weiteren Kindes (§ 16 Abs.3 Satz 3 BEEG).

Während der Elternzeit ist eine Erwerbstätigkeit von 15 bis zu 30 Wochenstunden im Durchschnitt eines Monats möglich. Mit Zustimmung des Arbeitgebers kann das auch bei einem anderen Arbeitgeber oder im Rahmen einer selbständigen Tätigkeit erfolgen.

3.8   Teilzeit

Ein Anspruch auf Teilzeit kann sich zum einen aus § 15 Abs. 5 BEEG während der Dauer der Elternzeit, zum anderen aus § 8 TzBFG ergeben (Tab. 3.2).

Die Darstellung enthält die Grundsätze. Abweichungen sind durch Vereinbarungen zwischen Arbeitgeber und Arbeitnehmer möglich.

Tab. 3.2 Ansprüche auf Teilzeit

Teilzeit während der Elternzeit, § 15 BEEG	Teilzeit nach § 8 TzBfG
Unternehmen hat in der Regel mehr als 15 Beschäftigte	Unternehmen hat in der Regel mehr als 15 Beschäftigte
Arbeitsverhältnis besteht ohne Unterbrechung länger als 6 Monate	Arbeitsverhältnis besteht ohne Unterbrechung länger als 6 Monate
Verringerung der Arbeitszeit für mindestens 2 Monate auf einen Umfang von 15 bis 30 h pro Woche	Verringerung ist ohne zeitliche Vorgabe möglich
Es stehen keine dringenden betrieblichen Gründe entgegen.	Es stehen keine betrieblichen Gründe entgegen.
Schriftliche Geltendmachung 7 Wochen vor Beginn bis zur Vollendung des 3. Lebensjahres, zwischen 3. und 8. Lebensjahr 13 Wochen vor Beginn	Geltendmachung unter Angabe von Umfang der Verringerung und gewünschter Verteilung der Arbeitszeit spätestens 3 Monate vor Beginn
Ablehnung des Arbeitgebers muss schriftlich binnen 4 Wochen bzw. bei Anträgen für den Zeitraum zwischen dem 3. und dem 8. Lebensjahr binnen 8 Wochen ab Zugang des Antrags erfolgen, dem voraus geht der Versuch einer Einigung	Ablehnung des Arbeitgebers muss schriftlich spätestens 1 Monat vor dem gewünschten Beginn erfolgen, dem voraus geht der Versuch der Einigung
Wird die Zustimmung abgelehnt kann eine gerichtliche Geltendmachung vor dem Arbeitsgericht erfolgen. Reagiert der Arbeitgeber nicht oder verspätet, gilt die Verteilung der Arbeitszeit wie beantragt als genehmigt.	Erfolgt eine Ablehnung nicht oder nicht rechtzeitig, verringert sich die Arbeitszeit wie geltend gemacht. Gleiches gilt für die Verteilung der Arbeitszeit.
Der Anspruch auf Verringerung besteht während der Elternzeit zweimal.	Eine erneute Verringerung ist erst nach Ablauf von 2 Jahren möglich.
Nach Beendigung der Elternzeit lebt das Voll- bzw. Teilzeitarbeitsverhältnis vor Beginn der Elternzeit wieder auf.	Das Arbeitsverhältnis ist nun ein Teilzeitverhältnis. Ein Anspruch auf den Wechsel in Vollzeit besteht nicht. Der Arbeitnehmer muss bei der Besetzung eines Vollzeitarbeitsplatzes bevorzugt berücksichtigt werden, wenn er den Wunsch nach Verlängerung seiner Arbeitszeit in Textform angezeigt hat. (§ 9 TzBfG)

Teilzeit während der Elternzeit kann mit weniger Wochenarbeitsstunden vereinbart werden. Die Gestaltungsmöglichkeiten sind vielfältig. Voraussetzung hierfür ist eine Einigung zwischen Arbeitnehmer und Arbeitgeber.

3.9 Brückenteilzeit

Ein befristeter Teilzeitanspruch, die sog. Brückenteilzeit, ergibt sich aus § 9a TzBfG (vgl. Abb. 3.5). Der Unterschied zum unbefristeten Teilzeitanspruch nach § 8 TzBfG besteht darin, dass Arbeitnehmern die Möglichkeit eröffnet wird, für einen gewissen Zeitraum Teilzeit zu arbeiten und anschließend wieder in Vollzeit zurück zu kehren. Ein Grund für die Inanspruchnahme der Brückenteilzeit ist nicht erforderlich.

Brückenteilzeit nach § 9a TzBfG
Anspruchsberechtigt ist jeder Arbeitnehmer unabhängig vom Umfang seiner bisherigen Arbeitszeit
Arbeitsverhältnis besteht ohne Unterbrechung länger als 6 Monate und der Arbeitgeber beschäftigt i.d.R. mehr als 45 Arbeitnehmer
Verringerung ist ohne Mindeststundenzahl möglich, Dauer ist auf einen Zeitraum von 1 Jahr bis zu 5 Jahren begrenzt
es stehen keine betrieblichen Gründe entgegen
Geltendmachung in Textform unter Angabe von Beginn, Dauer, Umfang der Verringerung sowie gewünschter Verteilung der Arbeitszeit, spätestens 3 Monate vor Beginn
Ablehnung des Arbeitgebers muss schriftlich spätestens 1 Monat vor dem gewünschtem Beginn erfolgen, dem voraus geht der Versuch der Einigung
Erfolgt eine Ablehnung nicht oder nicht rechtzeitig, verringert sich die Arbeitszeit wie geltend gemacht. Gleiches gilt für die Verteilung der Arbeitszeit und den gewünschten Zeitraum.
Eine erneute Verringerung ist erst nach Ablauf von 1 Jahr nach Beendigung der befristeten Teilzeit möglich. Für 1 Jahr gesperrt ist auch derjenige, dessen Antrag wegen Erreichen der Zumutbarkeitsgrenze abgelehnt wurde. Erfolgte eine Ablehnung aus betrieblichen Gründen gibt es eine Karenzzeit von 2 Jahren.
Arbeitgeber mit 45 bis zu 200 Arbeitnehmern können den Anspruch bei Erreichen einer in § 9a TzBfG definierten Zumutbarkeitsgrenze ablehnen

Abb. 3.5 Übersicht zur Brückenteilzeit

3.10   Altersteilzeit

Altersteilzeit gewährt einem Arbeitnehmer die Möglichkeit, einen gleitenden Übergang seiner Arbeitsphase in seine Rentenphase zu gestalten. Es ist ein Modell, bei welchem die Arbeitszeit für einen festgelegten Zeitraum, der in der Beendigung des Arbeitsverhältnisses mündet, reduziert wird (Abb. 3.6). Üblich ist die Vereinbarung im Blockmodell, andere Varianten sind gestaltbar.

Hier arbeitet der Mitarbeiter in der Aktivphase zu 100 %. Es schliesst sich eine gleich lange Passivphase an, in der der Arbeitnehmer freigestellt ist. Sowohl während der Aktiv- als auch der Passivphase erhält der Arbeitnehmer ein Teilzeitentgelt. Der Arbeitgeber zahlt zudem Aufstockungsbeträge, um insbesondere ansonsten reduzierte Einzahlungen zur Rentenversicherung auszugleichen. Ein gesetzlicher Anspruch auf Altersteilzeit besteht nicht.

3.11   Familienpflegezeit

Familienpflegezeit ist der Anspruch auf Verringerung der Arbeitszeit zur Pflege eines pflegebedürftigen nahen Angehörigen in häuslicher Umgebung. Die Arbeitszeit kann dabei für längstens 24 Monate reduziert werden. Die verringerte Arbeitszeit muss mindestens 15 h wöchentlich betragen und mit einer Ankündigungsfrist von 8 Wochen bzw. bei direktem Anschluss an die Pflegezeit von 3 Monaten angekündigt werden. Der Anspruch besteht nur, wenn der Arbeitgeber mehr als 25 Arbeitnehmer beschäftigt und keine dringenden betrieblichen Gründe entgegenstehen.

Während der Familienpflegezeit und in der sich anschließenden Nachphase besitzt der Arbeitnehmer Sonderkündigungsschutz. Eine Kündigung ist nur in Ausnahmefällen mit Zustimmung der obersten Landesbehörde möglich.

Der Arbeitnehmer kann für diese Zeit ein zinsloses Darlehen beantragen, um Einkommensverluste zum Teil abzufangen.

Abb. 3.6 Blockmodell bei der Altersteilzeit

3.12   Pflegezeit und kurzzeitige Arbeitsverhinderung

Das Pflegezeitgesetz regelt einen Anspruch auf unbezahlte sozialversicherte Freistellung von der Arbeitsleistung von bis zu sechs Monaten sowie einen Anspruch auf Fernbleiben von der Arbeit von bis zu zehn Tagen für Beschäftigte, die pflegebedürftige nahe Angehörige in häuslicher Umgebung pflegen möchten. Für Sterbebegleitung ist für die Dauer von 3 Monaten eine Teilzeitanspruch gegeben, § 3 Abs. 6 PflegezeitG) Abb. 3.7 stellt die Grundzüge des Anspruchs dar.

Der Arbeitnehmer besitzt einen Rechtsanspruch auf diese Pflegezeit sowie eine Rechtfertigung für eine solche kurzzeitige Arbeitsverhinderung. Der Arbeitnehmer besitzt einen Anspruch auf ein zinsloses Darlehen des Bundesamts für Familie und zivilgesellschaftliche Aufgaben während der Pflegezeit bzw.

Pflegezeit
Anspruch auf unbezahlte, sozialversicherte Freistellung von der Arbeitsleistung
Häusliche Pflege pflegebedürftiger naher Angehöriger, d.h. - anerkannte Pflegebedürftigkeit - Nahe Angehörige: Ehegatten, Lebenspartner, Partner einer eheähnlichen Gemeinschaft, Großeltern, Eltern, Geschwister, Kinder, Adoptiv- und Pflegekinder, Enkelkinder, die Schwiegereltern und Schwiegerkinder, nun auch Stiefeltern, Schwäger/innen, lebenspartnerähnliche Gemeinschaften - in häuslicher Umgebung; bei pflegebedürftigem minderjährigen Kind auch für die außerhäusliche Pflege
Vollständige oder teilweise Freistellung von der Arbeit
Arbeitgeber hat in der Regel mehr als 15 Beschäftigte
Nachweis der Pflegebedürftigkeit liegt vor
Schriftliche Ankündigung gegenüber dem Arbeitgeber spätestens 10 Tage vor Beginn bzw. bei Anschluss an Familienpflegezeit 8 Wochen
Maximal 6 Monate, vorzeitige Beendigung möglich

Abb. 3.7 Anspruch auf Pflegezeit

Anspruch auf Pflegeunterstützungsgeld während der kurzfristigen Arbeitsfreistellung von maximal 10 Tagen.

Ist es für einen Beschäftigten notwendig, in einer akut auftretenden Pflegesituation eine Pflege zu organisieren oder eine pflegerische Versorgung in dieser Zeit sicherzustellen, gewährt ihm § 2 PflegeZG das Recht, für bis zu zehn Arbeitstagen von der Arbeit fernzubleiben.

Das Fernbleiben ist dem Arbeitgeber unverzüglich unter Angabe der Dauer mitzuteilen. Der Arbeitgeber kann einen Nachweis für die Pflegebedürftigkeit verlangen.

Einen Anspruch auf eine Lohnersatzleistung wurde mit dem Pflegeunterstützungsgeld eingeführt, welches von der Pflegekasse bezahlt wird.

Eine Kündigung des Beschäftigungsverhältnisses durch den Arbeitgeber ist von der Ankündigung bis zum Ende der kurzzeitigen Arbeitsverhinderung sowie der Pflegezeit nicht bzw. nur in Ausnahmefällen mit Zustimmung der obersten Landesbehörde möglich.

3.13   Pflichtverletzungen im Arbeitsverhältnis

Aus den unterschiedlichsten Gründen können im Arbeitsverhältnis Konflikte entstehen. Münden diese Konflikte in Pflichtverletzungen des Beschäftigten, die trotz verschiedenster Hinweise und Ermahnungen nicht abgestellt werden, entscheiden sich Arbeitgeber für die Erteilung einer Abmahnung.

Abmahnung

Die Abmahnung soll den Arbeitnehmer an seine vertraglichen Pflichten erinnern (Erinnerungs- und Ermahnungsfunktion) und vor Konsequenzen für das Arbeitsverhältnis bei weiterem Fehlverhalten warnen. (Ankündigungs- und Warnfunktion) Beide Aspekte müssen deshalb in einer Abmahnung enthalten sein (Abb. 3.8).

Eine Abmahnung kann schriftlich oder mündlich erfolgen. Für den Ausspruch einer Abmahnung gibt es keine feste Ausschlussfrist.

Ein Verhalten, welches abgemahnt worden ist, kann nicht mehr als Kündigungsgrund verwendet werden. Erst eine Wiederholung der Pflichtverletzung kann zu einer Kündigung führen.

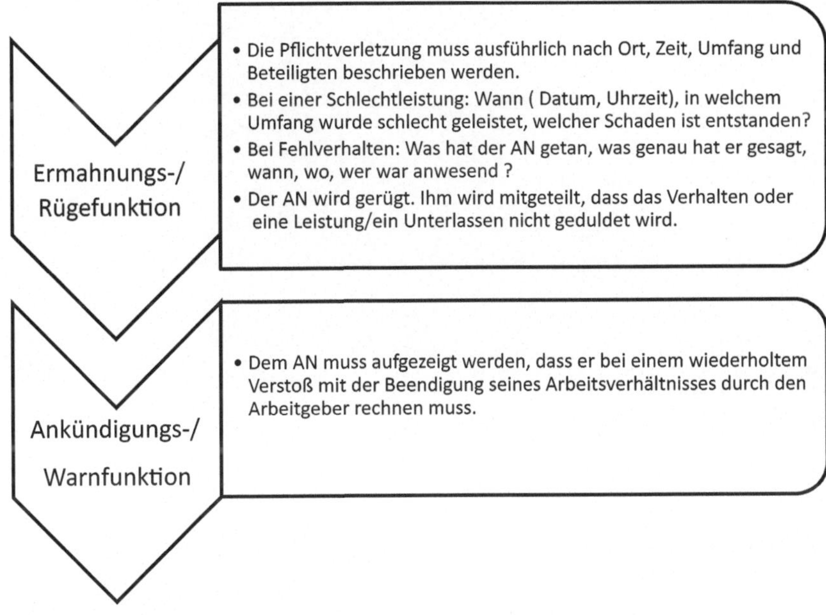

Abb. 3.8 Aspekte der Abmahnung

3.14 Änderungskündigung

Während des Arbeitsverhältnisses können sich Arbeitsbedingungen, Arbeitsaufgaben und Arbeitsumfang ändern. Kommt es nicht zu einer einvernehmlichen Änderung des Arbeitsvertrages, wird der Arbeitgeber eine Änderungskündigung aussprechen.

Eine *Änderungskündigung* ist die Kündigung des Arbeitsverhältnisses verbunden mit dem Angebot, das Arbeitsverhältnis zu geänderten Bedingungen fortzusetzen.

Der Arbeitnehmer kann

- das neue Angebot annehmen,
- die Kündigung akzeptieren,
- das Angebot ablehnen und gegen die Kündigung gerichtlich vorgehen oder
- das Angebot unter Vorbehalt annehmen und die Änderungskündigung gerichtlich überprüfen lassen.

Das Arbeitsverhältnis wird somit durch eine Änderungskündigung unter veränderten Bedingungen fortgesetzt oder es wird beendet.

Beendigungsphase 4

Eine Beendigung des Arbeitsverhältnisses ist aus verschiedensten Gründen möglich. Sie kann sowohl vom Arbeitgeber, als auch vom Arbeitnehmer veranlasst sein.

Möglich ist die Beendigung durch:

- Aufhebungsvereinbarung
- Befristung
- Kündigung

4.1 Aufhebungsvertrag

Sofern Arbeitgeber und Arbeitnehmer eine Einigung über die Beendigung eines Arbeitsverhältnisses finden können, wird in der Regel ein Aufhebungsvertrag geschlossen.

Dieser ist schriftlich abzufassen und sollte zumindest den Zeitpunkt der Beendigung des Arbeitsverhältnisses enthalten. Es gilt der Grundsatz der Vertragsfreiheit. Im Aufhebungsvertrag können somit auch weitere Regelungen wie Urlaub, Zeitguthaben, Zeugnis, Freistellung, Aufhebung eines Wettbewerbsverbotes o. ä. vereinbart werden.

4.2 Befristung

Ein Arbeitsverhältnis kann automatisch, ohne dass es einer weiteren Erklärung bedarf, durch Ablauf einer Befristung enden. Typische Fälle sind Zeit- oder Projektbefristungen.

© Springer Fachmedien Wiesbaden GmbH, ein Teil von Springer Nature 2019   23
U.-S. Weiss, *Arbeitsrecht für Führungskräfte*, essentials,
https://doi.org/10.1007/978-3-658-26026-2_4

4.3   Kündigung

Die Vielzahl der Arbeitsverhältnisse werden durch Kündigung beendet. Dabei kann sowohl der Arbeitnehmer, als auch der Arbeitgeber eine Kündigung erklären. Die Kündigung muss schriftlich erfolgen (§ 623 BGB). Mündliche Kündigungen oder Kündigungen per Mail oder über soziale Medien sind unwirksam.

Berufliche oder private Veränderungen sind beim Arbeitnehmer größenteils der Grund, sich zu verändern. Er kann das Arbeitsverhältnis jederzeit ohne Angaben von Gründen aber unter Beachtung der vereinbarten Kündigungsfrist kündigen.

Der Arbeitgeber ist an gesetzliche Vorgaben und damit an die im Kündigungsschutzgesetz (KSchG) normierten Kündigungsgründe gebunden. Dieses gilt nicht für die Dauer der ersten sechs Monate oder wenn das Unternehmen nicht mehr als zehn Arbeitnehmer mit Ausnahme der Auszubildenden beschäftigt (§§ 23, 1 KSchG). Für Arbeitnehmer, die schon vor dem 31.12.2003 beschäftigt waren, gilt ein Schwellenwert von fünf Arbeitnehmern, die auch vor dem 31.12.2003 bereits beschäftigt gewesen sein müssen und noch im Unternehmen sind.

Während der ersten sechs Monate ist das Arbeitsverhältnis daher auch für den Arbeitgeber ohne Angaben von Gründen ordentlich kündbar (Abb. 4.1).

Von der Wartezeit strikt zu unterscheiden ist die Probezeit.

Eine Probezeit kann für bis zu sechs Monate im Arbeitsvertrag vereinbart werden. Sie führt allein dazu, dass die an sich geltende gesetzliche Kündigungsfrist von vier Wochen zum 15. oder zum Ende eines Kalendermonats, durch Regelung im Arbeitsvertrag abgekürzt werden kann. Innerhalb der vereinbarten Probezeit kann daher ein Arbeitsverhältnis auch mit einer Frist von beispielsweise drei Tagen sein Ende finden, sofern diese Frist vereinbart wurde.

Eine Verlängerung der Probezeit, wie sie oft gewünscht wird, ist über sechs Monate hinaus nur in Ausnahmefällen möglich. In Anbetracht der Tatsache, dass nach sechs Monaten das Kündigungsschutzgesetz infolge des Ablaufes der Wartezeit Anwendung findet, ist diese Verlängerung wenig zielführend. Sollten innerhalb der Wartezeit Bedenken gegen die erfolgreiche Ausführung des Arbeitsverhältnisses bestehen, verfliegen diese in der Regel auch nach weiteren drei Monaten nicht. Es empfiehlt sich, bei Bedenken gegen die erfolgreiche Fortführung des Arbeitsverhältnisses rechtzeitig, schon innerhalb der ersten sechs Monate, eine Beendigung des Arbeitsverhältnisses herbeizuführen. Nach Ablauf von sechs Monaten gilt das Kündigungsschutzgesetz und eine Kündigung kann dann nur bei sozialer Rechtfertigung erfolgen.

Kündigungen sind *ordentlich* oder *außerordentlich* möglich (Abb. 4.2).

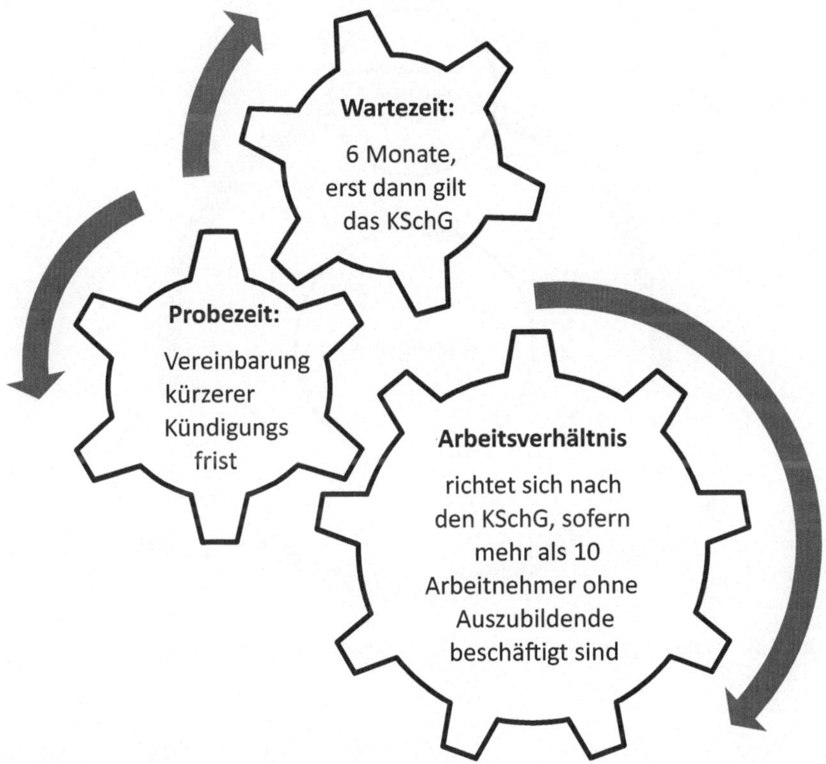

Abb. 4.1 Abgrenzung Probezeit und Wartezeit

Ordentliche, d. h. fristgerechte Kündigung bei

- Beendigung des Arbeitsverhältnisses unter Einhaltung der Kündigungsfrist
- Vorliegen eines Kündigungsgrundes

Außerordentliche, d. h. fristlose Kündigung bei

- Beendigung des Arbeitsverhältnisses mit sofortiger Wirkung
- Vorliegen eines besonders schwerwiegenden Kündigungsgrundes und Unzumutbarkeit der Weiterbeschäftigung bis zum Ablauf der Kündigungsfrist
- Kündigung muss innerhalb von 2 Wochen nach Kenntnis des Kündigungsgrundes durch den Kündigungsberechtigten erfolgen
- Beispiel: Diebstahl, Tätlichkeit, massiver Vertrauensverlust

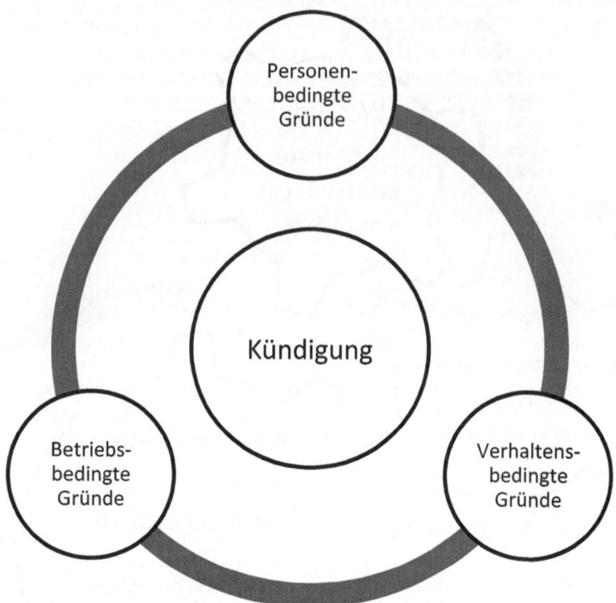

Abb. 4.2 Kündigungsgründe

Kündigungsfristen können sich aus dem Arbeitsvertrag, einem Tarifvertrag oder auch dem Gesetz ergeben. Diese variieren in der Regel je nach Beschäftigungsdauer.

Arbeitgeberkündigungen, die dem Kündigungsschutzgesetz unterfallen, bedürfen der sozialen Rechtfertigung. Eine Kündigung ist möglich, wenn sie

- in der *Person* des Arbeitnehmers oder
- in der *Leistung* oder dem *Verhalten* des Arbeitnehmers oder
- in *dringenden betrieblichen Erfordernissen*

begründet ist.

4.3.1 *Personenbedingte Gründe*

Die Kündigungsgründe liegen in *persönlichen Eigenschaften und Fähigkeiten* des Arbeitnehmers. Sie sind in der Regel verschuldens*un*abhängig.

Beispiele:

- fehlende Arbeitserlaubnis
- fehlende fachliche Eignung
- lang anhaltende Krankheit
- krankheitsbedingte Leistungsminderung
- häufige Kurzerkrankungen und negative Zukunftsprognose
- Trunk- oder Drogensucht

Die Kündigung ist immer dann sozial gerechtfertigt, weil der Arbeitnehmer die vertraglich geschuldete Leistung nicht erbringen *kann.*

Vor Ausspruch einer Kündigung bedarf es einer besonders sorgfältigen Interessenabwägung zwischen den Interessen des Arbeitgebers und denen des Arbeitnehmes. Relevant sind dabei auch die Sozialdaten des Arbeitnehmers, wie Unterhaltspflichten, Beschäftigungsdauer oder Lebensalter. Geprüft werden muss zudem, ob nicht weniger einschneidende Maßnahmen zu einer Fortführung des Arbeitsverhältnisses führen könnten. Beispiele hierfür sind Versetzungen und Umschulungen, die im Rahmen eines betrieblichen Eingliederungsmanagements zu erörtern sind.

Der Arbeitgeber ist verpflichtet, allen Mitarbeitern, die im Jahreszeitraum länger als 6 Monate arbeitsunfähig waren, die Durchführung eines betrieblichen Eingliederungsmanagements anzubieten, § 167 Abs. 2 SGB IX. Dies gilt unabhängig vom Bestehen einer Schwerbehinderung oder einer Gleichstellung. Das Versäumen führt nicht zur Unwirksamkeit einer Kündigung, führt aber zur erhöhten Darlegungs- und Beweislast für den Arbeitgeber in einem möglichen Kündigungsschutzprozess.

4.3.2 *Verhaltensbedingte Gründe*

Die Kündigungsgründe liegen in einem nicht mehr hinnehmbaren Verhalten des Arbeitnehmers oder einer anhaltenden Schlecht- und Minderleistung. Sie sind in der Regel verschuldens*ab*hängig.

Beispiele:

- Arbeitsverweigerung
- Unpünktlichkeit
- Konkurrenztätigkeit
- Straftaten im Arbeitsverhältnis
- Störungen im Umgang mit Kollegen
- Fehler in der Arbeitserbringung

Die Kündigung ist immer dann sozial gerechtfertigt, weil der Arbeitnehmer die vertraglich geschuldete Leistung oder Verhalten nicht erbringen *will*.

Vor Ausspruch einer verhaltensbedingten Kündigung ist in der Regel mindestens eine vorhergehende *einschlägige Abmahnung* erforderlich.

4.3.3 *Betriebs*bedingte Gründe

Die Kündigungsgründe liegen in *dringenden betrieblichen Erfordernissen* des Arbeitgebers. Eine Weiterbeschäftigung des Arbeitnehmers ist nicht möglich.

Aufgrund außer- oder innerbetrieblicher Ursachen fällt im Unternehmen ein geringerer Arbeitsaufwand an. Dieser führt zur Entscheidung des Arbeitgebers, Arbeitskräfte zu reduzieren.

Beispiele:

- Außerbetriebliche Ursachen: Absatzschwierigkeiten/Fehlende Rentabilität
- Innerbetriebliche Ursachen: Betriebseinschränkung/Betriebsstilllegung/Verlagerung

Die Kündigung ist sozial gerechtfertigt, wenn der Arbeitnehmer *nicht mehr weiterbeschäftigt* werden kann.

Vor Ausspruch einer betriebsbedingten Kündigung muss der Arbeitgeber unter den *vergleichbaren* Arbeitnehmern eine *Sozialauswahl* treffen (Abb. 4.3).

Die Sozialauswahl dient dazu, aus den Mitarbeitern denjenigen herauszufiltern, den eine betriebsbedingte Kündigung weniger „hart" treffen würde.

Ein Vergleich im Rahmen der Sozialauswahl kann nur zwischen Mitarbeitern erfolgen, deren Tätigkeit *vergleichbar* ist, die nach kurzer Anlernzeit untereinander austauschbar wären.

Beispiel:

Vergleichbar wären zwei Mitarbeiter in der Produktion, nicht aber ein Mitarbeiter in der Produktion mit einem Buchhalter in der Verwaltung.

Der Arbeitgeber kann Mitarbeiter, die aufgrund *besonderer Kenntnisse oder Leistungen* für das Unternehmen enorm wichtig sind, von der Sozialauswahl ausnehmen, sog. Leistungsträgerklausel (§ 1 Abs. 3 Satz 2 KSchG).

Beispiel:

Ein 24-jähriger, lediger, kinderloser Produktionsmitarbeiter, der erst zwei Jahre im Unternehmen beschäftigt ist, hat nachweisbar als einziger eine Spezialausbildung. Eine Qualifizierung eines anderen Mitarbeiters hierfür würde zwei Jahre dauern. Der Arbeitgeber darf hier eine Ausnahme von der Sozialauswahl vornehmen. Dieser Mitarbeiter wird in diese nicht einbezogen.

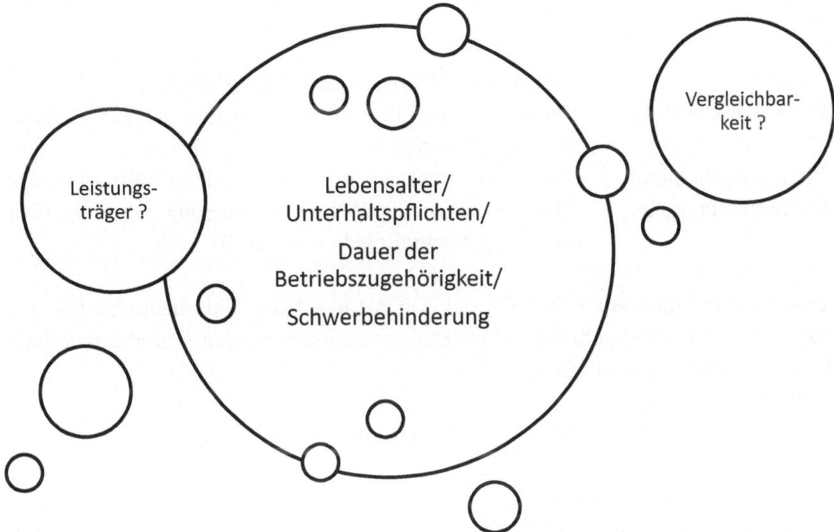

Abb. 4.3 Kriterien zur Sozialauswahl

Für die Sozialauswahl werden folgende Kriterien herangezogen:

- Lebensalter
- Dauer der Betriebszugehörigkeit
- Unterhaltspflichten (verheiratet, ledig, Kinder)
- Schwerbehinderung

Diese Kriterien werden unterschiedlich gewichtet. Anerkannt ist, für die einzelnen Kriterien Punkte zu vergeben, deren Summe die Auswahl dokumentiert.

Das BAG hat in verschiedensten Entscheidungen unterschiedlichste Gewichtungen anerkannt.

Beispiel:

Alter	1 Punkt pro Lebensjahr
Betriebszugehörigkeit	1 Punkt pro Jahr
Unterhaltspflichten Ehepartner	4 Punkte, je unterhaltsberechtigtes Kind 2 Punkte

oder

Alter	1 Punkt pro Lebensjahr, maximal 55 Punkte
Betriebszugehörigkeit	1 Punkt pro Jahr bis zu 10 Jahre, ab dem 11. Jahr 2 Punkte, maximal 70 Punkte
Unterhaltspflichten	Ehepartner 8 Punkte, je unterhaltsberechtigtes Kind 4 Punkte
Schwerbehinderung	5 Punkte bei Grad der Schwerbehinderung von 50, darüber hinaus je 1 Punkt für jede weiteren 10

Anerkannt ist, dass zur Erhaltung der Altersstruktur des Unternehmens mit den vergleichbaren Arbeitnehmern Altersgruppen gebildet werden können, innerhalb derer die Sozialauswahl erfolgt.

Beispiel:

Ein Unternehmen beschäftigt 100 Mitarbeiter. Hiervon sind

25 zwischen 20 und 30 Jahre alt,
30 zwischen 30 und 40 Jahre alt,
25 zwischen 40 und 50 Jahre alt,
13 zwischen 50 und 60 Jahre alt sowie
7 über 60 Jahre alt.

Typischerweise ist die Gruppe der 20 bis 30-Jährigen noch ledig, ohne Kinder und weisen geringere Betriebszugehörigkeitszeiten auf. Dies führt im Ergebnis dazu, dass bei Kündigungen ohne Altersgruppenbildung ein Großteil der 20 bis 30-Jährigen zu entlassen wäre. Die Altersstruktur des Unternehmens würde entscheidend verändert und das Durchschnittsalter der Beschäftigten würde erheblich steigen.

Die Sozialauswahl kann daher auch auf Altersgruppen beschränkt werden. Entsprechend des Anteils an der Belegschaft ergibt sich dann die Anzahl der zu Kündigenden der jeweiligen Altersgruppe.

Beispiel:

Es werden Altersgruppen gebildet. Das Unternehmen beschäftigt 100 Mitarbeiter. Hiervon sind

25 zwischen 20 und 30 Jahre alt,
30 zwischen 30 und 40 Jahre alt,
25 zwischen 40 und 50 Jahre alt,
13 zwischen 50 und 60 Jahre alt sowie
7 über 60 Jahre alt.

Es sollen 12 Mitarbeiter eine Kündigung erhalten. Eine Kündigung wäre möglich
für

3 Mitarbeiter zwischen 20 und 30 Jahren,
4 Mitarbeiter zwischen 30 und 40 Jahren,
3 Mitarbeiter zwischen 40 und 50 Jahren,
1 Mitarbeiter zwischen 50 und 60 Jahren sowie
1 Mitarbeiter über 60 Jahre alt.

4.4 Besondere Schutzrechte

Einige Arbeitnehmergruppen unterliegen besonderem Kündigungsschutz. Kündigungen sind daher nur eingeschränkt oder mit vorheriger Zustimmung eines Dritten
(beispielsweise des Betriebsrates oder einer öffentlichen Stelle) zulässig.

4.4.1 Besonderer Kündigungsschutz von Organen der Betriebsverfassung

Geschützter Personenkreis:

- Wahlvorstände
- Wahlbewerber
- Betriebsräte
- Mitglieder der Jugend- und Auszubildendenvertretung
- Schwerbehindertenvertreter

Beim *Wahlvorstand* und *Wahlbewerber* (§ 15 Abs. 3 KSchG) ist ab Bestellung
bzw. Aufstellung

- bis zur Bekanntgabe des Wahlergebnisses nur eine außerordentliche Kündigung
  und nur mit Zustimmung des BR möglich (§ 103 BetrVG),
- anschließend bis 6 Monate nach Bekanntgabe des Wahlergebnisses
  nur durch außerordentliche Kündigung möglich.

Betriebsratsmitglieder (§ 15 Abs.1 KSchG) sind ab Bekanntgabe des Wahlergebnisses

- nur durch außerordentliche Kündigung
- und nur mit Zustimmung des BR kündbar (§ 103 BetrVG).

Nach der Amtszeit des Betriebsratsmitgliedes besteht für die Dauer eines Jahres noch nachwirkender Kündigungsschutz. Es ist nur eine außerordentliche Kündigung möglich.

Bei *Arbeitnehmern,* die zur Betriebsversammlung einladen oder die gerichtliche Bestellung des Wahlvorstandes betreiben oder zur Wahlversammlung (vereinfachtes Verfahren) einladen, ist vom Zeitpunkt der Einladung bzw. des Antrags bis zur Bekanntgabe des Wahlergebnisses nur eine außerordentliche Kündigung möglich (§ 15 Abs. 3a KSchG).

Ersatzmitglieder genießen Kündigungsschutz während des Vertretungszeitraumes sowie nachwirkend für 1 Jahr beginnend ab der letzten Vertretung des ordentlichen Betriebsratsmitglieds.

4.4.2 Besonderer Kündigungsschutz für Schwerbehinderte

Für eine Kündigung eines Schwerbehinderten oder eines Gleichgestellten ist die vorherige Zustimmung des Integrationsamtes notwendig (§ 168 SGB IX). Eine ohne vorherige Zustimmung erklärte Kündigung ist unwirksam.

Voraussetzung für den besonderen Kündigungsschutz ist ein Arbeitsverhältnis, das mindestens sechs Monate bereits Bestand hatte. Wie beim Kündigungsschutzgesetz gilt hier eine Wartezeit von sechs Monaten.

Keine Zustimmung des Integrationsamtes ist notwendig, sofern der Arbeitsvertrag aufgrund Befristung endet oder ein Aufhebungsvertrag geschlossen wird.

Wichtig ist zudem die Beteiligung der Schwerbehindertenvertretung. Eine Kündigung ohne Beteiligung der Schwerbehindertenvertretung ist unwirksam. (§ 178 Abs.2 SGB IX).

4.4.3 Besonderer Kündigungsschutz bei Mutterschutz und Elternzeit

Während der Schwangerschaft und bis zum Ablauf von vier Monaten nach der Entbindung ist eine Kündigung unzulässig (§ 17 MuSchG). Nur in Ausnahmefällen ist eine Kündigung mit vorheriger Zustimmung der zuständigen obersten Landesbehörde erlaubt.

Die Schwangerschaft muss dem Arbeitgeber bei Ausspruch der Kündigung bekannt sein oder ihm unverzüglich nach Zugang der Kündigung mitgeteilt werden (Abb. 4.4).

Verlangt ein Arbeitnehmer Elternzeit, kann er ab dem Zeitpunkt der Ankündigung, höchstens aber acht Wochen vor Beginn der Elternzeit bzw. 14 Wochen vor Beginn bei Elternzeit zwischen dem 3. und dem 8. Lebensjahr sowie während der Elternzeit nicht gekündigt werden (§ 18 BEEG). Auch hier ist in Ausnahmefällen eine Kündigung durch den Arbeitgeber mit vorheriger Zustimmung der zuständigen obersten Landesbehörde erlaubt.

Beispiel:

Die Arbeitnehmerin befindet sich bis zum 28.05.2019 in Elternzeit. Der Arbeitgeber gibt sein Unternehmen zum 31.12.2019 auf und stellt den Geschäftsbetrieb ein. Er kann die Zustimmung zur Kündigung beantragen und nach Erhalt der Zustimmung die Kündigung des Arbeitsverhältnisses erklären.

Elternzeitberechtigte können ihr Arbeitsverhältnis nur unter Einhaltung einer Kündigungsfrist von drei Monaten zum Ende der Elternzeit kündigen (§ 19 BEEG). Auch hier sind abweichende einvernehmliche Regelungen möglich.

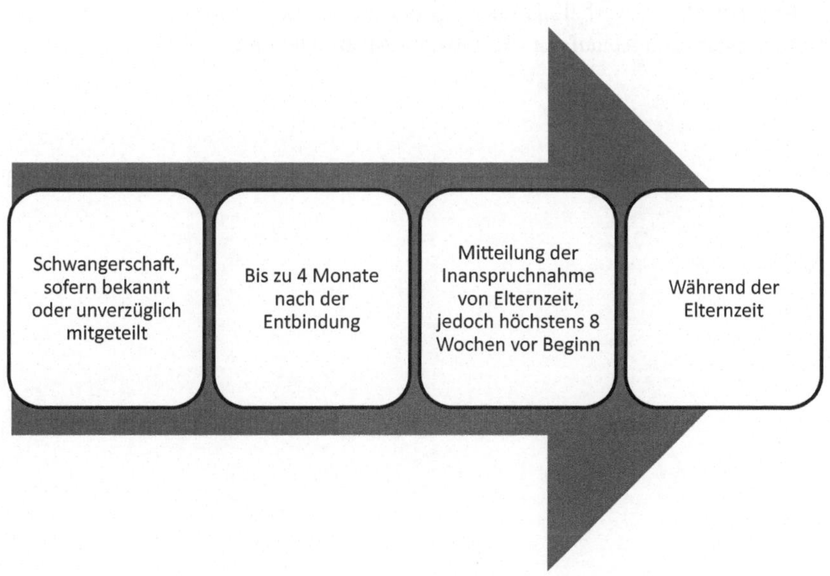

Abb. 4.4 Sonderkündigungsschutz bei Schwangerschaft

4.4.4 Besonderer Kündigungsschutz bei Pflegezeit/ Familienpflegezeit

Während der *Familienpflegezeit* und in der sich *anschliessenden Nachphase* besitzt der Arbeitnehmer Sonderkündigungsschutz. Eine Kündigung ist nur in Ausnahmefällen mit Zustimmung der obersten Landesbehörde möglich.

Eine Kündigung des Beschäftigungsverhältnisses ist von der Ankündigung bis zum Ende der *kurzzeitigen Arbeitsverhinderung* sowie der *Pflegezeit* nicht bzw. nur in Ausnahmefällen mit Zustimmung der obersten Landesbehörde möglich.

4.4.5 Besonderer Kündigungsschutz für Auszubildende

Während der Probezeit, die zwischen einem und vier Monaten lang sein darf, kann ein Berufsausbildungsverhältnis jederzeit, auch ohne Einhaltung einer Kündigungsfrist, gekündigt werden (§ 22 BBiG). Abweichende vertragliche Regelungen sind möglich.

Nach der Probezeit ist eine Kündigung nur noch außerordentlich möglich. Die Kündigungsgründe müssen schriftlich dargelegt werden.

Ein Ausbildungsverhältnis endet grundsätzlich mit Bestehen der Abschlussprüfung oder nach Ablauf der vereinbarten Ausbildungszeit.

Rechte des Betriebsrates und seiner Mitglieder

5

Das Betriebsverfassungsgesetz gibt Arbeitnehmern die Möglichkeit, aus ihren Reihen Vertreter zu wählen. Der so gewählte Betriebsrat vertritt die Interessen der Belegschaft. Er erhält Informations-, Anhörungs- und Mitbestimmungsrechte bei Entscheidungen des Arbeitgebers. Eine vertrauensvolle Zusammenarbeit zwischen dem Betriebsrat und dem Arbeitgeber zum Wohle des Betriebes und der Arbeitnehmer soll die Zielsetzung sein.

5.1 Freistellungsanspruch

Das Betriebsratsamt ist ein Ehrenamt. Eine gesonderte Vergütung wird hierfür nicht gewährt. Die Betriebsratsmitglieder haben einen Anspruch auf bezahlte Freistellung für ihre Betriebsratstätigkeit während der Arbeitszeit (§ 37 Abs.2 BetrVG). Sie können ihren Arbeitsplatz auch während der Arbeitszeit für eine erforderliche Betriebsratstätigkeit, wie zum Beispiel die Teilnahme an einer Betriebsratssitzung, verlassen. Sie sind aber verpflichtet, sich vor Verlassen des Arbeitsplatzes und bei Rückkehr bei ihrem Vorgesetzten ab- bzw. anzumelden.

Sofern eine Betriebsratstätigkeit betrieblich bedingt außerhalb der Arbeitszeit erfolgt, entsteht ein Anspruch auf Zeitausgleich (§ 37 Abs. 3 BetrVG).

Vollständige Freistellung von der Arbeitstätigkeit ist für einzelne Betriebsratsmitglieder abhängig von der Betriebsgröße möglich.

© Springer Fachmedien Wiesbaden GmbH, ein Teil von Springer Nature 2019   35
U.-S. Weiss, *Arbeitsrecht für Führungskräfte,* essentials,
https://doi.org/10.1007/978-3-658-26026-2_5

5.2   Schulungsanspruch

Betriebsratsmitglieder haben einen Anspruch auf Freistellung für die Teilnahme an Schulungen sofern

- erforderliche Kenntnisse für die Betriebsratsarbeit vermittelt werden
- ein konkreter betriebsbezogener Anlass für das gewählte Thema besteht, Ausnahme sind Grundlagenschulungen für neue Mitglieder
- der Aufwand verhältnismäßig ist (Kosten, Ort, Länge, Anzahl der teilnehmenden Betriebsratsmitglieder)

Der Arbeitgeber trägt die Kosten der Schulung (Seminarkosten, Verpflegungsaufwand, Reisekosten).

5.3   Mitbestimmungsrechte

Die Rechte des Betriebsrates sind unterschiedlich ausgestaltet. Das BetrVG gewährt Mitbestimmungs- aber auch lediglich Mitwirkungsrechte (Abb. 5.1).

- *Informationsrechte*
  Der Arbeitgeber informiert den Betriebsrat über geplante Maßnahmen. Der Betriebsrat unterstützt Arbeitnehmer auf dessen Wunsch. Der Betriebsrat möchte Informationen über betriebliche Vorgänge für die Wahrnehmung seiner Tätigkeit erlangen.

„Echte" Mitbestimmung	Mitwirkung	
Mitbestimmungs- und Initiativrechte	Beratung	
Widerspruchs- und Vetorechte	Anhörung	
	Information	

Abb. 5.1   Übersicht über die Rechte des Betriebsrates

Beispiele:

- Informationen über Personalplanungen, Bedarfsermittlungen (§ 92 BetrVG)
- Informationen über die wirtschaftliche Lage des Unternehmens (§ 106 BetrVG)
- Informationen über Belange des Arbeits- und Gesundheitsschutzes (§ 89 BetrVG)

- *Anhörungsrechte*

Der Arbeitgeber teilt dem Betriebsrat sein beabsichtigtes Vorgehen mit. Der Betriebsrat erhält die Möglichkeit, dazu eine Stellungnahme abzugeben. Diese muss innerhalb einer gewissen Frist erfolgen. Die Stellungnahme ist für die Entscheidung des Arbeitgebers rechtlich unbeachtlich.

Normiert ist das Anhörungsrecht in § 102 BetrVG. Dieser schreibt vor, dass vor dem Ausspruch jeder Kündigung der Betriebsrat zur Kündigung *anzuhören* ist. Eine ohne vorherige ordnungsgemäße Anhörung ausgesprochene Kündigung ist unwirksam.

Dem Betriebsrat sind alle Kündigungsgründe sowie sämtliche Personaldaten des Arbeitnehmers mitzuteilen.

Der Betriebsrat hat die Möglichkeit,

- bei einer außerordentlichen Kündigung binnen drei Tagen (§ 102 Abs. 2 Satz 3 BetrVG)
- bei einer ordentlichen Kündigung binnen einer Woche (§ 102 Abs.2 Satz 1 BetrVG)

eine Äußerung abzugeben. Er kann zustimmen, widersprechen oder auch keine Stellungnahme abgeben. Erst nach abschließender Äußerung des Betriebsrates, auch bei Widerspruch, oder nach Ablauf der Anhörungsfristen darf der Arbeitgeber eine Kündigung erklären.

- *Unterrichtungs- und Beratungsrechte*
  Der Arbeitgeber unterrichtet den Betriebsrat über geplante Maßnahmen. Er erörtert und berät diese mit dem Betriebsrat in einem Gespräch. In seiner Entscheidung, ob diese Maßnahme durchgeführt wird, ist der Arbeitgeber frei.

Beispiele:

- Planung von Baumaßnahmen, Änderungen technischer Anlagen und Arbeitsplätze (§ 90 BetrVG)
- Personalplanungen, Bedarfsermittlungen (§ 92 BetrVG)
- Betriebsänderungen, wie Stilllegung, Verlagerung (§ 111 BetrVG)

- *Widerspruchs- und Vetorechte*
  Maßnahmen sind nur mit dem Einverständnis des Betriebsrates umsetzbar. Der Arbeitgeber hat die Möglichkeit, die Zustimmung des Betriebsrates durch eine Entscheidung des Arbeitsgerichts ersetzen zu lassen.

Beispiele:

- Zustimmung zur Einstellung, Versetzung, Eingruppierung (§ 99 BetrVG)
- Zustimmung zur außerordentlichen Kündigung eines Betriebsratsmitglieds (§ 103 BetrVG)

- *Mitbestimmungs- und Initiativrechte*
  Der Betriebsrat hat mitzubestimmen, kann Initiative ergreifen und im Einvernehmen mit dem Arbeitgeber Regelungen gestalten. Diese münden in der Regel in Betriebsvereinbarungen.

Beispiele:

- Ausgestaltung der Arbeitszeit (§ 87 BetrVG)
- Regelungen über Arbeitskleidung, Nutzung von E-Mail und Telefon (§ 87 BetrVG)
- Festlegung von Auswahlrichtlinien (§ 95 BetrVG)
- Ausgestaltung und Verwaltung von Sozialleistungen, Sozialeinrichtungen (§ 87 BetrVG)

5.4   Wahl und Amtszeit

Ein Betriebsrat muss von den Beschäftigten eines Betriebs gewählt werden. Errichtet werden kann dieser, wenn im Betrieb in der Regel mindestens fünf wahlberechtigte Arbeitnehmer beschäftigt sind, wovon drei wählbar sein müssen (§ 1 BetrVG). Wahlberechtigt sind alle Arbeitnehmer, die das 18. Lebensjahr vollendet haben. Wählbar sind Wahlberechtigte, die dem Unternehmen mindestens sechs Monate angehören (§§ 7,8 BetrVG).

Die Wahlen finden alle vier Jahre in der Zeit vom 01.03. bis zum 31.05. statt. 2018 war Wahljahr.

Ausnahmen hiervon sind gesetzlich ausdrücklich geregelt.

Die regelmäßige Amtszeit beträgt vier Jahre. Die Anzahl der Betriebsratsmitglieder richtet sich nach der Größe des Betriebes (§ 9 BetrVG). Die Zusammensetzung erfolgt anteilig entsprechend der Verhältnisse der Beschäftigungsarten und der Geschlechter im Betrieb.

Jugend- und Auszubildendenvertretungen werden alle zwei Jahre zwischen dem 01.10. und 30.11. gewählt. Wahljahr war 2018. Sie stellen die Interessenvertretung der Auszubildenden und Jugendlichen dar. Es müssen im Betrieb mindestens fünf Arbeitnehmer beschäftigt sein, die das 18. Lebensjahr noch nicht vollendet haben oder Auszubildende sind, die das 25. Lebensjahr noch nicht vollendet haben.

Das Arbeitsgerichtsverfahren 6

Für alle Gerichtsverfahren, die einen arbeitsrechtlichen Bezug aufweisen, sind die Arbeitsgerichte zuständig. Sie entscheiden sowohl im Urteilsverfahren, in denen es um Tarifstreitigkeiten, Kündigungen, Lohn, Zeugnisse, Schadensersatz und anderes geht, als auch im Beschlussverfahren, welches Angelegenheiten der Betriebsverfassung sowie sonstiger Mitbestimmung zum Inhalt hat (§§ 2, 2a ArbGG).

Vor dem Arbeitsgericht 1. Instanz besteht keine Anwaltspflicht. Jeder kann den angestrebten Prozess allein führen und sich auch allein vertreten. Sofern der Prozess beim Landesarbeitsgericht oder dem Bundesarbeitsgericht fortgesetzt wird, ist die Beauftragung eines Prozessbevollmächtigten notwendig. Die einzelnen Verfahrensschritte zeigt Abb. 6.1.

Besonderheit des Arbeitsgerichtsverfahren ist das Güteverfahren (§ 54 ArbGG).

Ziel dieses Verfahrens ist eine gütliche Einigung. In einer gemeinsamen Erörterung soll der Streit zwischen den Beteiligten besprochen und eine Lösung gefunden werden. Mittlerweile fast 75 % der Verfahren können so bereits im Gütetermin durch beiderseitige Kompromissbereitschaft erledigt werden.

Der Vergleich wird gerichtlich protokolliert, das Verfahren ist damit abgeschlossen.

Verfahren über das Bestehen oder die Beendigung eines Arbeitsverhältnisses, welches insbesondere für den Arbeitnehmer existenziell sein kann, haben Vorrang.

Gegen eine Kündigung des Arbeitgebers hat ein Arbeitnehmer binnen drei Wochen Kündigungsschutzklage zu erheben. Ist eine solche Klage nicht innerhalb dieser Frist eingegangen, ist die Kündigung wirksam geworden (§ 7 KSchG). Das Arbeitsgericht kann das Vorliegen von Kündigungsgründen oder sonstigen Rechtwirksamkeitsgründen dann nicht mehr prüfen.

Scheitert eine Güterverhandlung, erlässt das Gericht prozessleitende Verfügungen, insbesondere Aufforderungen zur Abgabe von Schriftsätzen. Jede Prozesspartei erhält dabei die Möglichkeit, die Tatsachen und auch ihre Rechtsauffassung zum Streit darzulegen.

© Springer Fachmedien Wiesbaden GmbH, ein Teil von Springer Nature 2019   41
U.-S. Weiss, *Arbeitsrecht für Führungskräfte,* essentials,
https://doi.org/10.1007/978-3-658-26026-2_6

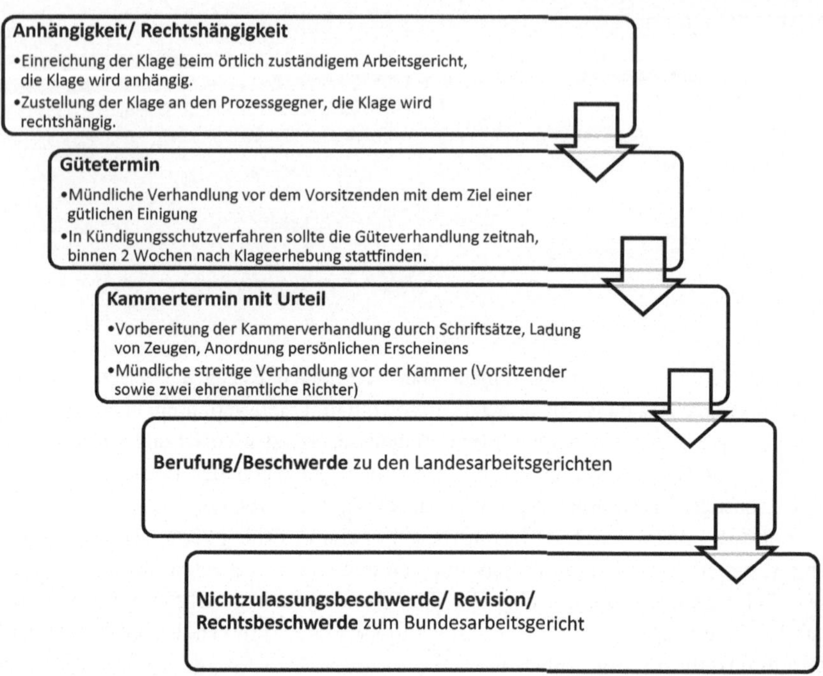

Abb. 6.1 Phasen eines Arbeitsgerichtsverfahrens

Erfolgt auch im Kammertermin keine Einigung, ergeht unter Mitwirkung der ehrenamtlichen Richter ein Urteil. Dieses Urteil kann mit einer Berufung zum Landesarbeitsgericht, im Beschlussverfahren mit einer Beschwerde angegriffen werden, sofern die Voraussetzungen dafür vorliegen. Gegen ein Urteil der Landesarbeitsgerichte ist ein Rechtsmittel nur in Ausnahmefällen gegeben.

In der 1. Instanz trägt jede Partei die ihr entstandenen außergerichtlichen Kosten selbst (§ 11 ArbGG). Eine Erstattungsverpflichtung von Rechtsanwaltskosten durch den Prozessgegner besteht nicht. Das gilt auch, wenn der Prozess gewonnen wird. Erst im Rahmen der 2. Instanz, für die die Landesarbeitsgerichte zuständig sind, entsteht eine solche Verpflichtung und sollte bei der Abwägung des Prozessrisikos berücksichtigt werden.

Was Sie aus diesem *essential* mitnehmen können

- Rechtsquellen des Arbeitsrechts
- Darstellungen der Grundlagen zu Arbeitszeit, Urlaub und Krankheit
- Änderungen des Arbeitsverhältnisses durch Teilzeit, Elternzeit, Familienpflegezeit
- Pflichtverletzungen, Abmahnung und Kündigung des Arbeitsverhältnisses
- Kurzüberblick über die Rechte des Betriebsrates
- den Ablauf eines Arbeitsgerichtsverfahrens

© Springer Fachmedien Wiesbaden GmbH, ein Teil von Springer Nature 2019   43
U.-S. Weiss, *Arbeitsrecht für Führungskräfte*, essentials,
https://doi.org/10.1007/978-3-658-26026-2

Weiterführende Literatur

Däubler W.; Hjort, J.; Schubert, M.; Wolmerath, M.: Arbeitsrecht, 4. Auflage, Nomos 2017
Grobys, M.; Panzer-Heemlier,A.: Arbeitsrecht, 3. Auflage, Nomos 2018
Hümmerich, K.; Lücke,O.; Maurer, R.: Arbeitsrecht, 9.Auflage, Nomos 2018
Küttner, W.: Personalbuch, 25. Auflage, Verlag C.H.Beck München 2018
Müller-Glöge, R.; Preis, U., Schmidt, I.: Erfurter Kommentar, 19. Auflage, Verlag C.H. Beck, München 2019
Schaub, G.: Arbeitsrechtshandbuch, 17. Auflage, Verlag C.H. Beck München 2017

© Springer Fachmedien Wiesbaden GmbH, ein Teil von Springer Nature 2019

U.-S. Weiss, *Arbeitsrecht für Führungskräfte*, essentials,
https://doi.org/10.1007/978-3-658-26026-2